毽球

全民健身项目指导用书

杜亚琴　王昶◎主编

U0782687

吉林出版集团股份有限公司　全国百佳图书出版单位

图书在版编目（CIP）数据

毽球 / 杜亚琴, 王昶主编. -- 2 版. -- 长春：吉
林出版集团股份有限公司, 2010.2(2024.8 重印)
全民健身项目指导用书
ISBN 978-7-5463-2318-3

Ⅰ. ①毽… Ⅱ. ①杜… ②王… Ⅲ. ①毽球运动 – 基
本知识 Ⅳ. ①G849.9

中国版本图书馆 CIP 数据核字(2010)第 028328 号

全民健身项目指导用书

毽　球

JIANQIU

主　　编　杜亚琴　王　昶
责任编辑　黄群　杜琳
封面设计　吕宜昌
开　　本　650mm×960mm　1/16
印　　张　4.5
字　　数　30 千
版　　次　2010 年 2 月第 2 版
印　　次　2024 年 8 月第 4 次印刷

出版发行　吉林出版集团股份有限公司
地　　址　吉林省长春市福祉大路 5788 号
邮　　编　130000
电　　话　0431-81629968
电子邮箱　11915286@qq.com
印　　刷　三河市金兆印刷装订有限公司
书　　号　ISBN 978-7-5463-2318-3　定　价　26.00 元

序　言

　　自 1995 年我国政府推出《全民健身计划纲要》以来，我国群众性体育活动蓬勃发展，取得了显著的成绩。2008 年，举世瞩目的北京奥运会的成功举办，极大地激发了亿万人民群众的体育热情，增强了全社会的体育意识，营造了浓厚的全民健身氛围。面对这样的可喜局面，群众体育科研、教学工作者应义不容辞地为社会实践服务，从不同角度思考，如何使普通百姓通过简而易行的身体锻炼方式、方法和手段达到良好的健身效果，达到拥有健康的目标，从而享受生活、享受快乐人生。该书系就是在这样的思想指导下诞生的。

　　本书系能够顺应国家体育的大政方针，掌握时代脉搏，对指导大众健身，使大众掌握健身方法和手段有很好的促进作用。

　　本书系图文并茂，实用性强，分为球类运动、体操健身运动、传统武术、冰雪运动、水上运动、体育舞蹈、休闲运动、格斗运动、民间体育活动和极限运动等十大类项目，计 100 分册，按照统一的体例，力争有所创新。每册的具体内容为该项目的起源与发展、运动保健、基本技术、运动技巧、比赛规则等，使读者在学习过程中，不仅能够学会运动健身的方法，同时还能够学到保健方面的基本知识。

经国务院批准，自 2009 年起，将每年的 8 月 8 日定为"全民健身日"。《全民健身项目指导用书》的出版，必将为开展全民健身活动起到积极的推动和指导作用。

目录 CONTENTS

目录 CONTENTS

第一章　概述

　　毽球运动在我国流传很广，经常从事这项运动，可以活动筋骨、促进健康。在北京，毽球还有一个富有诗意的名字——翔翎。

第一节

起源与发展

毽球俗称踢毽子,是我国一项历史悠久的传统体育运动项目,在长期的发展过程中,广泛传播,逐渐普及。

概述

踢毽子起源于我国汉代,盛行于六朝、隋唐时期。《唐代高僧传》中记载:北魏时有一个叫跋陀的人到洛阳去,在路上遇到了 12 岁的惠光,惠光在天街井栏上反踢毽子,连续踢了 500 次,观众赞叹不已。这说明踢毽子在当时已在民间流传。

到了唐宋时期,踢毽子非常盛行,花样繁多,还出现了专门制作、出售毽子的店铺。到了清代,踢毽子的技巧已经达到了一个相当高的水平。清代民间艺人绘制的《踢毽图》上的人物动作和姿态,跟现代毽球运动十分相似。

现代毽球是一项新兴的体育运动项目。20 世纪 30 年代,我国涌现出一批闻名全国的毽球能手。毽球技术在普及的基础上得到了提高,各种踢法丰富多彩,高难翻新的动作层出不穷,不同风格争奇斗胜,使观者眼花缭乱,惊叹不已。

1928 年 12 月,在上海市举办的"中华国货展览会"上,举行了首次毽球公开比赛,推动了这项民族体育项目的发展。

1933 年 10 月,在全国体育运动会上,毽球同拳术、摔跤、弹弓、剑术等民间运动项目一起被列为比赛项目。

1963年，毽球被列入国家提倡开展的体育运动，同时还被编入了小学体育教材。

1984年3月，国家体委批准将毽球列入正式开展的体育比赛项目，并制定了《毽球竞赛规则》。毽球运动以其特有的坚实的群众基础，在全国各地蓬勃发展起来。

同时，毽球运动跨出国门走向世界，先后在亚欧美等多个国家开展起来，并成立了国际组织，建立了世界锦标赛制度。

1999年，由中国、越南、德国、匈牙利、老挝、中国台北、中国香港发起成立了国际毽球联合会。从此，毽球在世界各地备受喜爱。

 机构与赛事

机构

国际毽球联合会简称国际毽联，1999年11月在越南成立。

中国毽球协会成立于1987年。

赛事

(1)世界毽球锦标赛，每2年一届；

(2)国际毽球邀请赛，每2年一届；

(3)全国毽球锦标赛，每年一届。

 发展趋势

国内趋势

毽球运动占地面积小，器材简单，男女老少皆宜。在一些城镇，祖孙三代齐上阵的家庭毽球队、学校的班级队、街道队等体育组织如雨后春笋般不断涌现。毽球运动已成为全民健身运动的重要内容。

在群众性毽球活动广泛开展的基础上，我国毽球运动的竞技水平也不断提高，涌现出一批高水平运动队，运动员技术动作的难度不断加大，扣球、倒勾、凌空扫射等难新动作层出不穷。

国外趋势

　　毽球运动在世界范围内蓬勃开展，尤其是在越南、老挝、德国、匈牙利、荷兰等国家，已经成为深受人们欢迎的体育健身项目。越南运动员在世界毽球锦标赛上，以娴熟的技术和良好的配合多次摘得桂冠。而在德国，定期举办的公开赛和俱乐部联赛，已使毽球运动的开展走上了正规化道路。可以预见，中国传统体育项目——毽球，将以崭新的姿态，活跃在世界体坛大家庭中。

第二节

场地和装备

　　平时进行毽球运动时，应选择一块平整的场地，穿着舒适便捷即可。但在毽球比赛中，场地、器材和装备都须符合一定的要求。

　　毽球比赛场地采用羽毛球双打比赛场地（见图 1-2-1）。

规格

　　（1）场地长 11.88 米，宽 6.1 米；

　　（2）场地应按平面图画出清晰的界线，较长的两条界线叫边线，较短的叫端线；

　　（3）连接场地两边线的中点与端线平行的线叫中线，中线将场地分为均等的两个

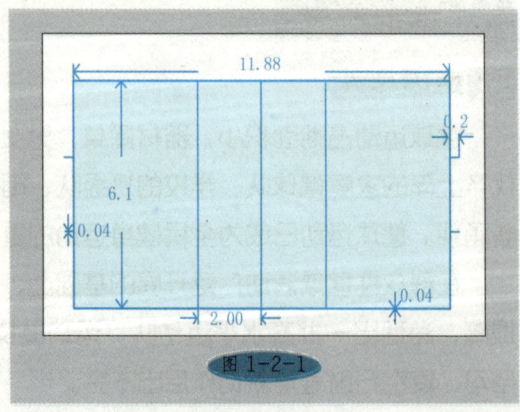

图 1-2-1

场区；

（4）在中线两侧各画一条与中线平行的线叫限制线，中线至限制线的距离为 2 米；

（5）距两端线中点两侧各 1 米处向场外各画一条长 20 厘米与端线垂直的短线叫发球区线，发球区线向后无限延长的区域叫发球区。

网柱

网柱安在中线以外，距边线 50 厘米处。

球网

（1）球网为深绿色，长 7 米，宽 76 厘米，网孔 2 厘米见方；

（2）球网上沿缝有 4 厘米宽的双层白布，用绳穿起，将球网张挂在网柱上；

（3）球网必须挂在中线的垂直上方，两端距地面的垂直高度必须相等，两端与中间的高度相差不得超过 2 厘米；

（4）球网的中部顶端距地面垂直高度为 1.6 米（男子）或 1.5 米（女子）。

标志带与标志杆

（1）在球网的两端，垂直于边线和中线交接处，各系有一条宽 4 厘米、长 76 厘米的白色带子，叫标志带；

（2）在球网上连接标志带外侧应系有两根有韧性的杆，叫标志杆，两杆内侧相距 6 米；

（3）标志杆应高出球网上沿 44 厘米，并用鲜明对比的颜色画上 10 厘米长的格纹。

场地上空 6 米以内（由地面计算）和场地四周 2 米以内不得有障碍物。

毽球的高度为 13～15 厘米，重量为 13～15 克，由毽毛和毽垫构成（见图1-2-2）；

（1）毽毛为四支白色或彩色鹅翎呈十字形插在毛管内，每支羽毛宽3.20～3.50 厘米；

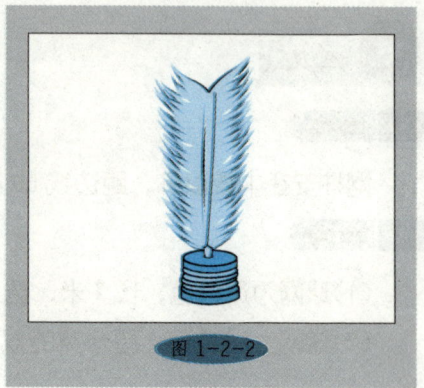

图 1-2-2

（2）毽垫直径 3.80～4.00 厘米、厚1.30～I.50 厘米，由上垫、下垫和毛管构成，毛管高 2.50 厘米；

（3）毽垫的下垫和毛管连在一起，上垫套在毛管上，上垫和下垫中间套有由三层以上硬质薄形皮革或类似材料制成的垫圈。

作为毽球运动的参与者，无论是日常练习还是参加比赛，都需要有一身合适的装备，包括服装和鞋子等。

服装

（1）在平时练习时，服装以简单舒适，吸汗效果较好的纯绵质面料为宜；

（2）在正规比赛中，同队队员应穿着整齐一致的运动服，场上队员上衣的前后须有明显的号码，号码颜色须一致，并与上衣颜色有明显的区别；

（3）队员不得佩戴任何危及其他队员的饰物。

 **鞋子**

（1）平时练习时，穿一般的运动鞋即可；

（2）在正规比赛中，应穿专门的毽球鞋，这种鞋鞋底一般为牛筋底，能耐磨和防滑；

（3）毽球鞋鞋底和鞋帮之间有一层防震材料，在腾跳落地时，可保护脚跟、腰及后脑免受伤害。

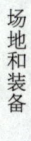

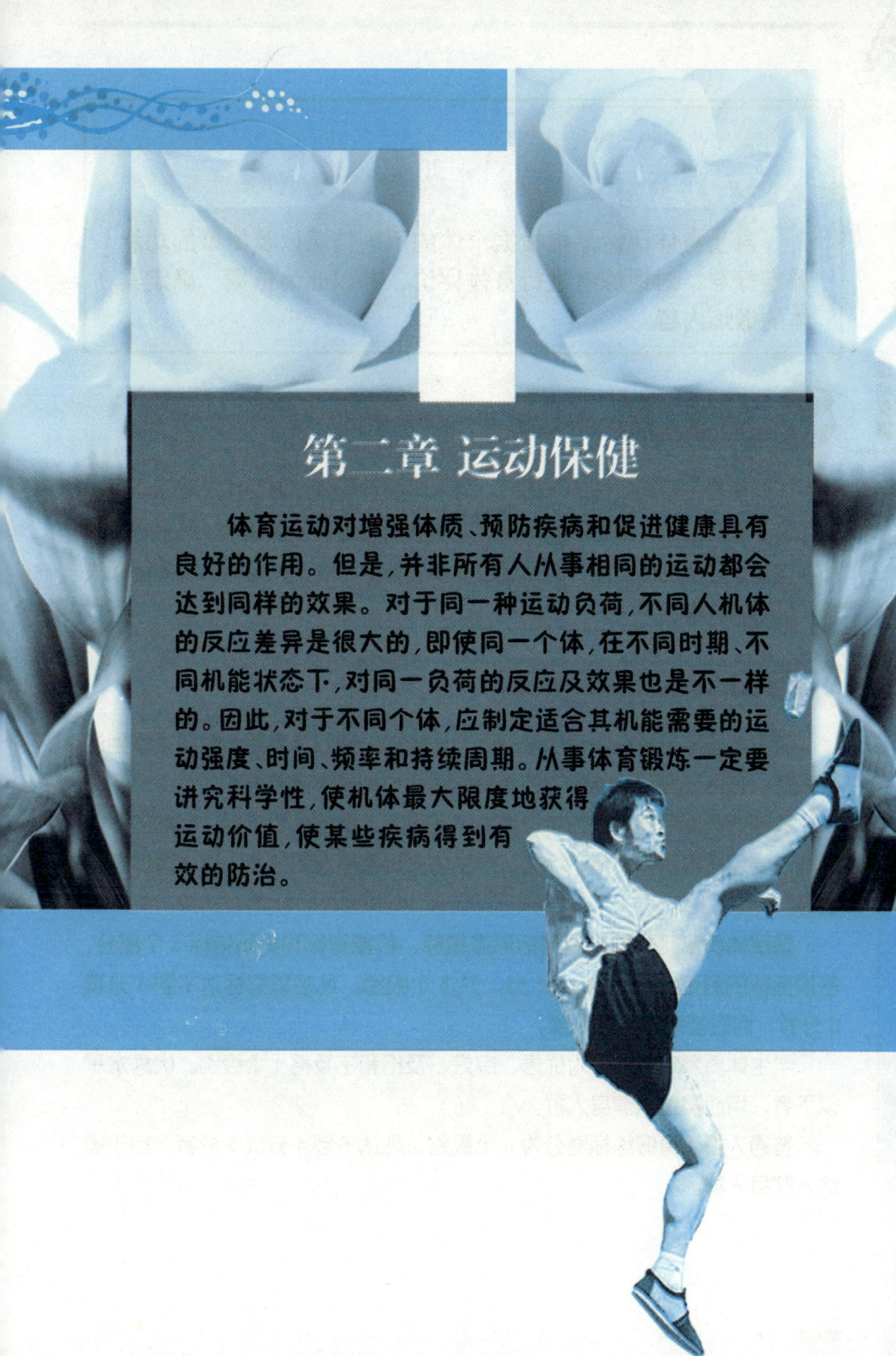

第二章 运动保健

　　体育运动对增强体质、预防疾病和促进健康具有良好的作用。但是,并非所有人从事相同的运动都会达到同样的效果。对于同一种运动负荷,不同人机体的反应差异是很大的,即使同一个体,在不同时期、不同机能状态下,对同一负荷的反应及效果也是不一样的。因此,对于不同个体,应制定适合其机能需要的运动强度、时间、频率和持续周期。从事体育锻炼一定要讲究科学性,使机体最大限度地获得运动价值,使某些疾病得到有效的防治。

第一节

自我身体评价

自我身体评价是指根据个体的不同情况以及简单的功能评定标准，对锻炼者进行身体评价，并以此为依据，确定具体的锻炼内容。

适宜人群

体适能是全身适应性的一部分，是人体精神和体力对现代生活的适应能力。为了促进健康，预防疾病，提高生活质量和工作学习效率，几乎所有人都可以追求健康的体适能，而且经过简单的评价和测试，均可以成为目标人群，即适宜人群。

健康体适能评价标准

健康体适能是指身体有足够的活力和精力处理日常事务，而不会感到过度疲劳，并且还有足够的精力去享受休闲活动和应对突发事件。

健康体适能是确定锻炼者是否为运动适宜人群的主要依据。目前的评价标准主要包括国民体质测定标准、学生体质测定标准和普通人群体育锻炼标准等。

国民体质测定标准主要包括形态指标、机能指标和素质指标 3 个部分，各项指标的测定结果均为 1～5 分，共 5 个级别。凡各项指标达不到 4 分或 5 分者，均应被纳入健身人群。

学生体质测定标准分为优秀、良好、及格和不及格 4 个级别。优秀水平以下者，均应被纳入健身人群。

普通人群体育锻炼标准分为 5 个级别，凡达不到 4 分或 5 分者，均应被纳入健身人群。

简易运动功能评定

简易运动功能评定的目的在于确定运动对象有无运动禁忌症或临时运动禁忌的情况，即是否适合参加体育锻炼，以达到防备万一，避免意外事故发生的目的。目前通行的方式是3分钟踏台阶测试。

目的

测试锻炼者运动后心率恢复的情况，以评估其心肺功能。

器材 见图2-1-1

30厘米高的长凳、节拍器、秒表和时钟。

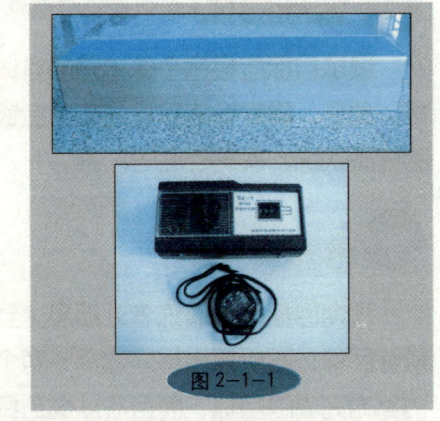

图2-1-1

步骤 见表2-1-1

（1）节拍器设定为每分钟96次，锻炼者依"上上下下"的节拍运动3分钟。

（2）锻炼者完成3分钟踏台阶后，5秒钟内开始测量其脉搏，时间为1分钟，记录其心率，并依据下表评价其功能水平。

（3）运动后心率越低，证明其心肺功能越好。在运动强度允许的范围内，锻炼者可选择运动强度的较高值来进行运动。

 表2-1-1　3分钟台阶测试评价表

	年龄（岁）	欠佳（次）	尚可（次）	一般（次）	良好（次）	优异（次）
男士	18~25	>115	105~114	98~104	89~97	<88
	26~35	>117	107~116	98~106	89~97	<88
	36~45	>119	112~118	103~111	95~102	<94
	46~55	>122	116~121	104~115	97~103	<96
	56~65	>119	112~118	102~111	98~101	<97
	65+	>120	114~119	103~113	96~102	<95
女士	18~25	>125	117~124	107~116	98~106	<97
	26~35	>128	119~127	111~118	98~110	<97
	36~45	>128	118~127	110~117	102~109	<101
	46~55	>127	121~126	114~120	103~113	<102
	56~65	>128	118~127	112~117	104~111	<103
	65+	>128	122~127	115~121	101~114	<100

运动保健

 注意事项

如受试者经过努力仍无法完成测试，或出现头晕、胸闷、出冷汗等症状，应终止测试。运动中应特别考虑运动强度，以防出现意外。

锻炼目标

锻炼目标应根据个体不同的身体状况来确定，可分为近期目标和远期目标。此外，确定锻炼目标还应结合锻炼者的运动意向、愿望和兴趣以及本人的健康状况、疾病程度等因素。

 近期目标

近期目标是指锻炼者近期应达到的目标。在进行运动之前，应首先明确锻炼目标，即近期目标。选择一两个健康体适能构成要素，作为未来两个月内努力完成的目标，而且应从成功概率较高的构成要素开始，并将预期两个月后要达到的目标做上记号，如提高某个或某些关节的活动幅度，增强某个肌肉群的力量等。

 远期目标

远期目标是指锻炼者最终要达到的目标。实践证明，经过科学合理的锻炼后，锻炼者是可以达到一般的远期目标的，如提高心肺功能，使其达到优秀的等级，或达到降血脂、防治高血压和冠心病的目的等。

 运动负荷

运动负荷即运动量。怎样控制运动量，合适的运动时间是多少等，一直是人们争论不休的问题。但有一点是可以肯定的，那就是任何有关身体活动的意见和建议，都需要综合考虑锻炼者的身体状况和所要达到的目标，并以此为依据来制订科学的身体锻炼计划。

运动强度

运动过程中，运动强度过小，达不到锻炼的效果；运动强度过大，不仅达不到最佳的锻炼效果，还可能产生一些副作用，甚至出现意外事故。确定运动强度有两种方法。

心率简易推测法

(1)年龄在 20 岁左右的年轻人，身体健康，能坚持体育锻炼，欲进一步提高身体机能，可取最大心率值(最大心率值＝220－年龄)的 65%～85%。

(2)年龄在 45 岁以下，身体基本健康，有运动习惯者，开始进行健身锻炼，可取最大心率值的 65%～80%，没有运动习惯者，开始进行健身锻炼，可取最大心率值的 60%～75%。

(3)年龄在 45 岁以上，身体基本健康，有运动习惯者，开始进行健身锻炼，可取最大心率值的 60%～75%，没有运动习惯者，建议根据自身情况咨询专业人员来指导和确定运动强度。

主观感觉疲劳分级表推测法   见表 2-1-2

运动的疲劳程度大致分为 10 级，具体为：0～1 级，没感觉；2～3 级，尚轻松；4～5 级，稍累；6～7 级，累；8～9 级，很累；10 级，精疲力竭。因此，健身锻炼的运动强度应控制在主观感觉疲劳程度的 4～7 级。

表 2-1-2   主观感觉疲劳分级表

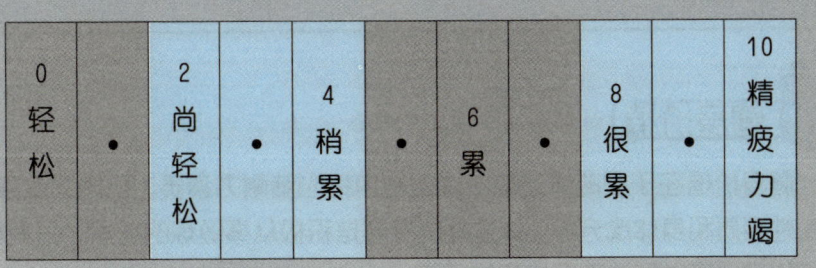

0 轻松	·	2 尚轻松	·	4 稍累	·	6 累	·	8 很累	·	10 精疲力竭

自我身体评价

运动频率

运动频率是指每日及每周锻炼的次数。一般每周锻炼 3~4 次，即隔日锻炼 1 次即可。有充足的休息时间，可使身体得到充分的休息，收到更好的锻炼效果。

运动持续时间

运动强度和运动持续时间，决定了一次锻炼的运动量和热量消耗。运动持续时间与运动强度成反比，运动强度大，运动持续时间可相应缩短，运动强度小，则运动持续时间应相应延长。

一般的健身锻炼，运动持续时间以每天 20~60 分钟为宜，其中包括准备活动时间、健身锻炼时间和整理活动时间。每次健身锻炼应在 20 分钟以上，锻炼可一次性完成，也可分段进行，但每段的活动时间应在 10 分钟以上。

第二节
运动价值

运动价值一直是人们探讨的问题，一般认为运动具有两方面的价值，即健身价值和心理价值。身体和精神的健康是相互依存的，伴随着身体功能的改善，精神状况逐渐也能同时得到改善。

健身价值

健身价值在于提高体适能。体适能包括心肺耐力素质、肌肉力量素质、柔韧性素质和身体成分等。体适能的发展是积极从事锻炼的结果，只有规律性的体育锻炼才能达到最佳的体适能。

提高心肺耐力素质

心肺耐力是指全身肌肉进行长时间运动的持久能力，是体内心肺系统对身体各细胞的供氧能力。人体的心脏、肺、血管、血液等组织的功能是心肺耐力的基础，它们与氧气和营养物质的输送以及代谢物的清除有关。健全的心肺功能是健康的基本保证。

系统的体育锻炼，可以使心肌增厚，收缩力加强，心室容积增大，从而使心脏的泵血功能增强，表现为心血输出量增加。

系统的体育锻炼，呼吸系统机能也将得到提高，表现为呼吸肌的力量增强，肺活量、肺通气量明显增加，保证对机体供氧的能力。

系统的体育锻炼，可以促进血管系统的形态、机能和调节能力产生良好的适应力，从而提高机体的工作能力。

系统的体育锻炼，可以使血液系统产生某些适应性变化，如血容量增加、血黏度下降、红细胞膜弹性增强和红细胞变形能力增强等。

提高肌肉力量素质

肌肉力量是指肌肉最大收缩产生的对抗阻力或负荷的能力。肌肉力量只有达到一定的程度，才能克服外界阻力，而克服外界阻力是维持日常生活自理、从事各种劳动和运动的必要前提。

系统的体育锻炼，可以提高肌肉的生理横断面积，可以改善神经系统对肌肉收缩的支配功能，还可以提高肌肉内代谢物质的储备量，使肌肉力量得到提高。

提高柔韧性素质

柔韧性是指人体各关节的活动幅度，即关节的肌肉、肌腱和韧带等软组织的伸展能力。柔韧性对于保证正常生活质量、维持正常体态、预防损伤发生和减轻损伤程度等方面均起到至关重要的作用。

系统的体育锻炼，还可以延缓因年龄因素而导致的柔韧性下降，预防因缺乏运动而导致的关节结构、周围软组织和膝关节肌肉退化，从而使锻炼者

的日常生活、劳动和运动等更加充满活力。

改善身体成分

身体成分是指人体体重中的脂肪组织和去脂组织的重量百分比。身体成分中的脂肪成分增加，肌肉成分必然下降。身体中不具备收缩功能的脂肪组织增加，必然导致身体进行各种活动的能力下降，基础代谢水平降低，肥胖症、冠心病、高血压、糖尿病、高血脂等慢性疾病发病率的提高。因此，身体成分是保证人体健康的重要内容之一。

通过系统的体育锻炼，随着锻炼者体质的增强，热量消耗便随之增加，进而燃烧掉体内多余的脂肪，使身体成分得到改善。而身体成分的改善，又可以减少体重对关节可能带来的不利影响，还可以使肥胖者的心理状况得到改善，增强其自信心，使其逐步建立起健康的生活方式。

研究证明，有规律的体育锻炼不但可以使锻炼者增强体质、促进身体健康、预防一些慢性疾病，还可以提高锻炼者的生活满意度和生活质量，对其心理健康产生积极影响。

体育锻炼的心理健康效应主要表现在六个方面：

改善情绪状态

短期效应

研究发现，体育锻炼对人的情绪状态具有显著的短期效应。运动后人们的焦虑、抑郁、紧张和心理紊乱等症状会明显减轻，而精力和愉快程度则会明显增强。而且这种情绪的迅速变化，与锻炼者个体的健康状况、活动形式和活动强度等有着直接的联系。

长期效应

体育锻炼对人情绪的长期效应有着直接的影响，与不锻炼者相比，有规律的锻炼者在较长时期内很少会产生焦虑、抑郁、紧张和心理紊乱等情绪。

完善个性行为特征 见表 2-2-1

　　人们的行为特征一般可以分为两种类型，用 A 型行为特征和 B 型行为特征来表示。A 型行为特征主要表现为性情急躁、争强好胜、容易激动、整天忙碌和做事效率高等。B 型行为特征主要表现为不好竞争、不易紧张、不赶时间、对人随和、喜欢自由自在等。具有 A 型行为特征的人由于过度紧张的情绪反应，会引起内分泌失调，增加心脏病发病的概率。目前的一些研究主要集中在体育锻炼对改变 A 型行为特征的作用方面。研究结果表明，有规律的体育锻炼能明显改变 A 型行为特征。

 表 2-2-1　A、B 型个性行为特征常见表现

A 型行为特征者常见表现	B 型行为特征者常见表现
约会从来不迟到	对约会很随便
竞争意识很强	竞争意识不强
别人要讲话时总爱抢先或插话	是别人讲话时很好的听众
总是匆匆忙忙	即使有压力也从不匆忙
等待时缺乏耐心	能够耐心等待
干事时全力以赴	处事漫不经心
同时想干很多事	在一段时间里只干一件事情
讲话喜欢用加强语气，甚至敲桌子	讲话语速缓慢，不慌不忙
做了好事希望能得到别人的认可	只要自己满意即可，不管别人怎样想
吃饭、走路都很快	做事情很慢
不善与人相处	为人随和
容易暴露自己的感情	能控制自己的感情
具有广泛的兴趣	没什么业余爱好
雄心壮志	满足于目前的工作和学习状况

 确立良好自我概念

　　自我概念是指个体对自己身体、思想和情感的主观整体评价，它由许多自我认识组成，包括我是什么人、我主张什么和我喜欢什么等。

　　坚持体育锻炼，可以使锻炼者体格强健、精力充沛、提高驾驭身体的能力，从而改善对自身的满意程度，确立良好的自我概念。

运动价值

 改变睡眠模式

根据脑电图的显示，人的睡眠可以分为两种状态，即慢波睡眠状态和快波睡眠状态。前者为浅度睡眠状态，后者为深度睡眠状态。一夜之间两种睡眠状态会交替发生 4～5 次。

有规律的体育锻炼不仅对慢波睡眠有促进作用，而且能缩短入眠的潜伏期，并延长睡眠的时间。

 改善认知能力

体育锻炼还能改善人的认知过程，避免反应时间过长、注意力不集中和思维混乱等症状的发生，尤其对老年人的认知能力改善效果更为明显。

 增加心理治疗效应

体育锻炼被公认为是一种心理治疗的好方法。目前人群中常见的心理疾患是抑郁症和焦虑症。研究发现，体育锻炼是治疗抑郁症的有效手段之一，抑郁症患者经过有规律的体育锻炼，抑郁症状能明显减轻。

体育锻炼还具有治疗焦虑症的作用，通过有规律的体育锻炼，可以使锻炼者的焦虑症状明显改善。

第三节

运动保护

在运动过程中，人体机能会随时发生变化。因此，应针对这种机能变化的特点来进行体育锻炼，也就是我们所说的运动保护。运动保护一般包括运动前准备、运动后放松和自我养护三个方面。

 运动前准备

准备活动是指在正式运动之前进行的有目的的身体练习。做好充分的

准备活动，可以缩短机体进入最佳状态的时间，同时还可以预防运动损伤的发生，为机体发挥最大的工作效率做好功能上的准备。

准备活动的作用

提高中枢神经系统兴奋状态

(1)使大脑反应速度加快，参加活动的运动中枢神经相互协调。

(2)为正式运动时生理机能达到适宜程度提前做好准备。

提高机体代谢水平

(1)准备活动可以使锻炼者体温升高，降低肌肉黏滞性，使肌肉的伸展性、柔韧性和弹性增强，从而有效预防运动损伤的发生。

(2)准备活动可以增强体内代谢酶的活性，使物质代谢水平提高，以保证运动时有较充分的能量供应。

克服内脏器官生理惰性

(1)准备活动可以提高心血管系统和呼吸系统的机能水平，使肺通气量及心血输出量增加。

(2)可以使心肌和骨骼肌的毛细血管扩张，使其工作肌获得更多的氧，从而克服内脏器官的生理惰性，使之尽快达到最佳状态。

增加皮肤毛细血管的血流量

准备活动可以使皮肤毛细血管的血流量增加，运动后毛细血管扩张，有利于散热，降低体温，有效防止开始正式活动时由于体温过高而影响运动能力。

准备活动要求

准备活动时间

(1)准备活动的时间可以根据运动项目的具体情况确定，一般以10～30分钟为宜。

(2)准备活动与正式运动的间隔时间，一般以不超过15分钟为宜，可以在做完准备活动后立刻进行正式运动。

运动保护

（1）准备活动的强度和量应较正式运动小，以免引起不必要的疲劳。

（2）准备活动的量可以由心率来决定，心率以 100～120 次／分为宜。

准备活动内容

一般性准备活动

一般性准备活动的内容多以伸展运动开始，然后进行一般性的跑步、徒手体操等活动。

下面介绍一套常用的一般性准备活动操，供锻炼者运动前使用。这套活动操主要包括头部运动、肩部运动、扩胸运动、体侧运动、体转运动、髋部运动和踢腿运动等。

头部运动

头部运动的动作方法（见图 2-3-1）：两手叉腰，两脚左右开立，做头部向前、向后、向左、向右，以及绕环运动。

图 2-3-1

肩部运动

肩部运动的动作方法（见图 2-3-2）：手扶肩部，屈臂向前、向后绕环，以及直臂绕环。

扩胸运动

扩胸运动的动作方法（见图 2-3-3）：屈臂向后振动及直臂向后振动。

体侧运动

体侧运动的动作方法（见图 2-3-4）：两脚左右开立，一手叉腰，另一臂上举，并随上体向对侧振动。

体转运动

体转运动的动作方法（见图 2-3-5）：两脚左右开立，两臂体前屈，身体向左、向右有节奏地扭转。

髋部运动

髋部运动的动作方法（见图 2-3-6）：两脚左右开立，两手叉腰，髋关节放松，向左、向右 360 度旋转。

图 2-3-2

图 2-3-3

踢腿运动

踢腿运动的动作方法（见图 2-3-7）：两臂上举后振，同时一腿向后半步，重心置于前腿，两臂下摆后振，同时向前上方踢腿。

图 2-3-4 　　　　　　　　　　图 2-3-5

图 2-3-6 　　　　　　　　　　图 2-3-7

专门性准备活动

专门性准备活动的动作方法、节奏和强度等与正式锻炼相似，目的是使人体主要肌群在运动前得到动员，为正式锻炼做好准备。

运动后放松

运动后放松是指运动之后所进行的一些能够加速机体功能恢复的、较轻松的身体活动。与运动前准备活动相反，其目的是使锻炼者的生理机能水平逐步得到恢复。

放松方法

运动性手段

（1）运动结束后，锻炼者可采用变换运动部位的方法来消除疲劳，如上肢出现疲劳时可做一些慢跑运动，下肢出现疲劳时可做一些上肢运动。

（2）转换运动类型也是一种不错的放松方法，如打羽毛球出现疲劳时，可从事瑜伽运动来达到放松的目的。

（3）还可以用调整运动强度的方法来缓解疲劳，如可以在放松过程中，采用小强度的轻微运动方法等。

整理活动　见图 2-3-8

（1）整理活动是指运动后所做的一些能够加速机体功能恢复的身体活动，如剧烈运动后进行 3～5 分钟慢跑或其他整理活动，使身体机能得以恢复。

（2）剧烈运动后如不做整理活动而骤然停止动作，会影响氧气的补充和静脉血的回流，使机体血压降低，引起不良反应。

图 2-3-8

 注意事项

（1）在进行整理活动时动作应缓慢、放松，运动量不要过大，否则会引起新的疲劳。

（2）在进行整理活动时，应当保持心情舒畅、精神愉快。

 自我养护 ◆◆◆◆◆◆◆◆◆

锻炼后，锻炼者感觉身体疲劳是一种正常的生理现象，是体育锻炼过程中的正常反应，随着体育锻炼时间的延长，疲劳症状会自然消失。运动性疲劳出现后，锻炼者如果采用一些自我养护措施，可以加速身体机能的恢复，尽快消除疲劳，提高锻炼效果。常见的自我养护方法主要包括运动后休息、合理营养和物理手段等三种。

 运动后休息

静止性休息 见图 2-3-9

（1）静止性休息是指锻炼者运动后保持机体相对的静止状态，以促进身体机能的恢复，尽快消除疲劳。

（2）静止性休息的最佳方式之一是睡眠，特别是刚开始从事锻炼者，身体不适应或疲劳症状明显时，更应该保证足够的睡眠，否则，锻炼者虽然积极参加了体育锻炼，但收效甚微，甚至会导致过度疲劳症状的发生。

（3）静止性休息更适合于消除全身运动导致的整体疲劳症状。

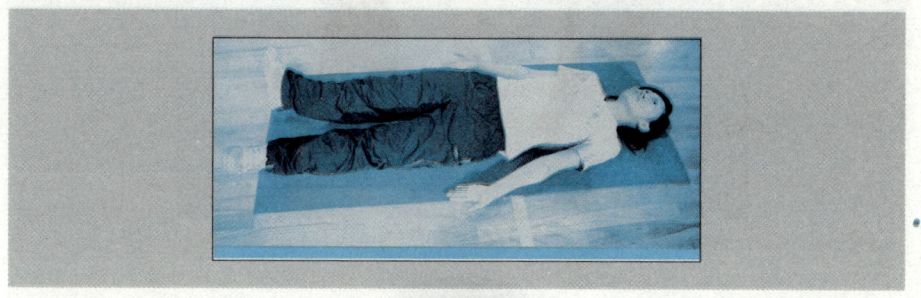

图 2-3-9

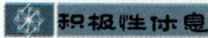 **积极性休息** 见图 2-3-10

（1）积极性休息更适合由于少量肌肉群参与工作而导致的局部疲劳，或运动强度较大而导致的快速疲劳。

（2）积极性休息可以加速血液循环，有利于代谢物排出体外，对促进身体机能的恢复具有明显的效果。

图 2-3-10

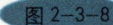

图 2-3-8

（1）在进行整理活动时动作应缓慢、放松，运动量不要过大，否则会引起新的疲劳。

（2）在进行整理活动时，应当保持心情舒畅、精神愉快。

锻炼后，锻炼者感觉身体疲劳是一种正常的生理现象，是体育锻炼过程中的正常反应，随着体育锻炼时间的延长，疲劳症状会自然消失。运动性疲劳出现后，锻炼者如果采用一些自我养护措施，可以加速身体机能的恢复，尽快消除疲劳，提高锻炼效果。常见的自我养护方法主要包括运动后休息、合理营养和物理手段等三种。

 运动后休息

静止性休息 见图 2-3-9

（1）静止性休息是指锻炼者运动后保持机体相对的静止状态，以促进身体机能的恢复，尽快消除疲劳。

（2）静止性休息的最佳方式之一是睡眠，特别是刚开始从事锻炼者，身体不适应或疲劳症状明显时，更应该保证足够的睡眠，否则，锻炼者虽然积极参加了体育锻炼，但收效甚微，甚至会导致过度疲劳症状的发生。

（3）静止性休息更适合于消除全身运动导致的整体疲劳症状。

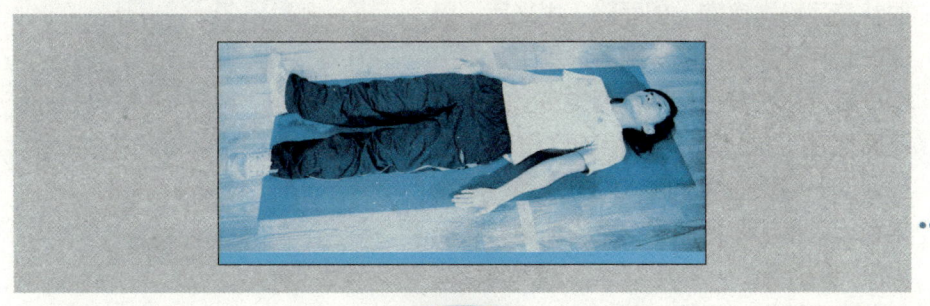

图 2-3-9

积极性休息 见图 2-3-10

（1）积极性休息更适合由于少量肌肉群参与工作而导致的局部疲劳，或运动强度较大而导致的快速疲劳。

（2）积极性休息可以加速血液循环，有利于代谢物排出体外，对促进身体机能的恢复具有明显的效果。

图 2-3-10

合理营养 见图2-3-11

小强度、长时间的运动形式，主要是靠糖原的有氧代谢提供能量。运动后应及时补充淀粉类食物，如面粉、大米等，以促进消耗糖原的合成。随着人民生活水平的提高，在饮食结构中，肉类食品的比重不断增加，而淀粉类食品的比重逐渐减少，这一现象应当引起人们的注意，特别是老年人参加体育锻炼，更应注意对淀粉类食物的补充。

图2-3-11

强度较大、时间又相对较长的运动形式，主要是靠糖原的无氧代谢提供能量。这样，糖原无氧代谢产物——乳酸便会在体内大量堆积。因此，运动后应多补充蔬菜、水果等碱性食品，以加速乳酸的清除，达到尽快消除疲劳的目的。

物理手段

按摩及牵拉 见图2-3-12

（1）通过刺激神经末梢、皮肤结缔组织和毛细血管的按摩方法，可以使紧张的肌肉得以放松，从而改善局部组织和全身的血液循环，达到促进身体机能恢复的目的，这种方法可以在锻炼后马上进行。

（2）此外，还可以采取缓慢牵拉肌肉的方法，使收缩的肌肉得到充分的伸展放松。

水疗及电疗

（1）水疗包括芬兰式蒸汽浴、热水浴和桑拿浴等多种形式，主要作用是通过提高体温，促进血液循环，清除代谢物，以达到尽快消除疲劳、恢复体力的目的。

（2）水疗的时间一般以不超过30分钟为宜，如果时间过长，会进一步消耗体力，严重时甚至会出现暂时性脑缺血现象。

（3）如果条件允许，还可对疲劳的肌肉进行低频治疗。低频治疗仪的原理是模拟针灸疗法，使用时将电极用不干胶对称地粘贴在运动部位表皮上。这种疗法可以促进局部血液循环，改善组织代谢，缓解肌肉酸痛，消除疲劳。

图 2-3-12

第三章　基本技术与战术

　　毽球运动对身心健康极为有益，主要是用下肢做接、落、跳、绕、踢等动作来完成的，使下肢的关节、肌肉、韧带都得到全面的锻炼，同时也使腰部得到锻炼。经常参加这项运动，不仅可使下肢肌肉、韧带富有弹性，关节灵活，而且可使心、肺系统得到全面锻炼，起到增进身体健康的良好作用。

第一节

基本技术

　　毽球运动，不仅是锻炼身体的手段，也是一种优美的艺术表演。它的基本技术包括准备姿势、发球、攻球、起球、踢球以及花毽表演。

 准备姿势 ◆◆◆◆◆◆◆◆◆◆

　　准备姿势是运动员在场上接球时身体的一种等待状态。保持良好的姿势，是身体能随时在瞬间由静变动，由被动状态变主动状态的关键。准备姿势一般分为左右开立站姿和前后开立站姿两种。

左右开立站姿

动作方法 见图3-1-1

　　（1）两脚左右开立，略比肩宽，两膝略屈，脚跟略提起；

　　（2）两臂自然垂于体侧，两脚保持略动状态。

技术要点

　　（1）屈膝提踵，上体前倾；

　　（2）两脚保持略动。

错误纠正

　　直腿、上体直立、脚跟提得过高为常见的动作错误。因此，应在做动作时屈膝，可以使膝关节得到缓冲，同时注意上体要前倾，脚跟略提，两

图3-1-1

脚要始终保持略动状态。

充分做好准备活动，提高肌肉温度，避免肌肉拉伤。

前后开立站姿

前后开立站姿能使运动员从静止状态快速转向前后的移动状态，较多地应用在比赛的接发球过程中。

动作方法 见图 3-1-2

（1）两脚前后开立，呈前后开位站姿；

（2）两臂自然垂于体侧，两脚保持略动状态；

（3）上体略前倾，重心落于两脚之间，两眼注视来球。

技术要点

（1）防守时注意后脚脚跟离地，身体重心要向前移，随时保持静中带动的状态；

（2）屈膝提踵，上体前倾；

（3）两脚略动便于步伐的转换。

错误纠正

同"左右开立站姿"。

伤害预防

同"左右开立站姿"。

图 3-1-2

起球

起球是指球从脚面弹起到最高点的过程。根据起球时接触点的不同，起球技术可分为脚内侧起球、脚外侧起球、脚背起球、腿部起球、胸部起球和头部起球。

▼ 脚内侧起球

 动作方法 见图 3-1-3

(1)起球前，两脚自然开立，踢球脚在后，两膝略屈，两臂放松，自然下垂于体侧；

(2)起球时，身体重心移到支撑腿上，踢球腿大腿带动小腿，由后向前上方摆动，在摆动过程中，逐渐形成髋关节外张、膝关节弯曲、踝关节内翻的基本姿势；

(3)击球的一刹那，脚部击球面端平，击球部位应在脚内侧面的中部，击球点一般在支撑腿膝关节前约40厘米处。

图 3-1-3

❋ 技术要点

(1)在接发球时，队员要积极移动，调整好人与球之间的位置，做到一次起球到位；

(2)在组织进攻时，要通过积极移动和第一次调整球的机会，处理好人与球之间、传球队员与进攻队员之间的位置关系；

(3)在防守快速球、大力量球时，要提高出脚速度；

(4)起球全过程应注意柔和、协调，大腿和小腿应完成向前上方的送球动作；

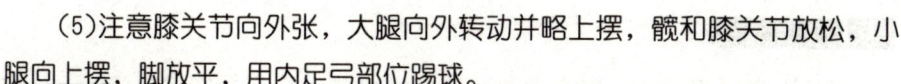

（5）注意膝关节向外张，大腿向外转动并略上摆，髋和膝关节放松，小腿向上摆，脚放平，用内足弓部位踢球。

 **错误纠正**

踢毽时用大腿或小腿发力击球为常见的动作错误。因此，应在做动作时用踝关节发力。

 **伤害预防**

要充分做好准备活动，以免对踝关节或膝关节造成扭伤或挫伤。

脚外侧起球

 **动作方法** 见图 3-1-4

（1）起球前，两脚自然开立，两膝略屈，做好准备姿势；

（2）起球时，身体重心移到支撑腿上，击球腿的髋、膝关节内扣，踝关节外翻，使脚外侧尽量与地面平行，做好击球前的准备动作；

（3）击球是利用小腿外翻快速上抬的动作完成的，脚接触球的部位一般在脚外侧面的中部或中后部，击球的高度一般不超过膝关节；

（4）当来球较高并快速向体侧后方飞行时，触球腿的大腿可外转，迅速沿地面向后摆，伸腿插入球下，踝关节自然勾起向外翻转，脚指向体侧，脚的外侧面约呈水平，身体保持前倾，利用小腿快速屈膝上抬的动作，向体前上方击球。

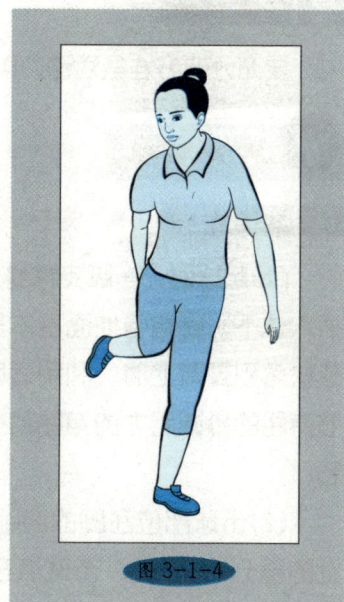

图 3-1-4

基本技术

❋ **技术要点**

（1）当来球平且快，落在身体两侧或从体侧、肩上向后场飞行时，一定要略侧身，向体侧甩踢小腿，勾脚尖，用脚外侧踢球；

（2）要想获得较低的托球点，必须要使支撑脚做适当的弯曲；

（3）身体重心应放在支撑脚上，击球点离地面约15～20厘米。

❋ **错误纠正**

直腿、踝关节外翻、小腿外翻做匀速运动为常见的动作错误，因此，应在做动作时屈膝、膝关节内扣、小腿外翻的速度一定要快，同时注意当来球较高并快速向体侧后方飞行伸腿插入球下时，一定要注意踝关节要勾起并外翻，身体保持前倾，切忌绷脚，身体正直。

❋ **伤害预防**

要充分做好准备活动，以免对踝关节或膝关节造成扭伤或挫伤。

▼ **脚背起球**

❋ **动作方法** 见图3-1-5

（1）起球时，一脚支撑身体，另一脚主动插入球下，脚背与地面基本呈水平状态，当球快落到脚背上时，利用适度的伸膝和踝关节背屈的协调用力的勾踢动作，把球向上踢起；

（2）击球部位在脚的跖趾（脚面上接近脚趾的部分）关节处，击球点在离地面10～15厘米的高度，击出球的方向、弧度和落点，可通过脚背面的变化和踝关节背屈勾踢的程度来调整。

图3-1-5

🌀 技术要点

（1）脚背踢球，一般用正脚背，要注意绷脚尖和抖动脚踝发力击球。

（2）击球点离地面约 10～15 厘米。

🌀 错误纠正

勾脚尖或用大、小腿发力击球为常见的动作错误。因此，应在做动作时绷脚尖、抖动脚踝发力击球，同时注意抖动脚踝发力击球的速度不要过快或过慢，以免影响踢球的质量。

🌀 伤害预防

要充分做好准备活动，防止在抖动或接球的过程中扭伤脚背以及踝关节。

🔽 腿部起球

🌀 **动作方法** 见图 3-1-6

（1）（以右脚为例，左脚支撑身体）当来球飞近大腿时，重心移到支撑腿上，击球腿自然屈膝，大腿带动小腿由后向前上方快速抬起，用大腿的前 1/3 处击球，抬腿力量的大小应根据起球的速度和落点加以控制；

（2）击球后，击球腿立即放下，准备衔接下一个动作；

（3）腿接触球时与地面保持一定的角度，形成良好的反射角，击球后腿立即放下，准备衔接做下一个动作。

图 3-1-6

🌀 技术要点

左脚支撑身体，右腿屈膝，大腿带动小腿上提，膝关节略低于髋，用大腿的前半部分（主要由膝关节发力）起球。

错误纠正

直腿、小腿主动发力击球为常见的动作错误。因此，应在做动作时自然屈膝，大腿带动小腿，发力击球，同时注意要用大腿的前半段击球，以便达到击球的目的。

伤害预防

充分做好腿部和髋部的准备活动，以免扭伤髋关节，拉伤腿部肌肉。

▼ 胸部起球

动作方法　见图 3-1-7

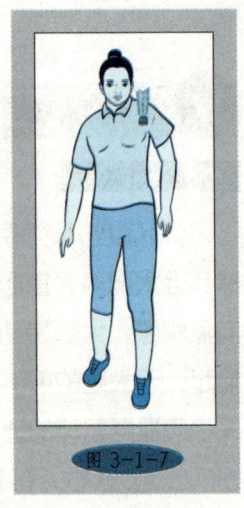

图 3-1-7

（1）起球时，两臂略弯曲，自然置于体侧，挺胸，伸膝，身体重心上移，给球向前上方一个作用力，使球呈小弧度飞行下落；

（2）可运用左右转体压肩动作，调整来球的飞行方向；

（3）判断来球，移动胸堵，来球偏低时，采用屈膝姿势，偏高时则可起跳胸堵；

（4）胸部击球动作结束后，应迅速连接下一个动作。

技术要点

两脚自然开立，当球传至胸前约 10 厘米处时，两臂自然弯曲，身体自然挺胸，伸膝，身体重心上移，用胸部起球。

错误纠正

含胸、屈膝为常见的动作错误。因此，应在做动作时挺胸、直腿，同时注意一定要上移重心。

伤害预防

充分做好膝关节、踝关节的准备活动和扩胸运动，提高肌肉温度，以免造成膝关节和踝关节不必要的损伤。

 **头部起球**

动作方法 见图 3-1-8

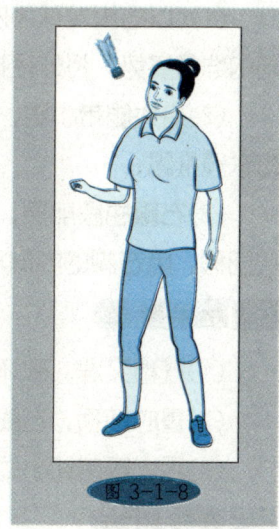

（1）起球时，判断来球方向，使身体正对来球，当球飞近额前时，头颈主动迎球；

（2）当球快触到前额的一瞬间，及时抬头触球，顺势把球击起，使球向前上方呈小弧度下落，并迅速衔接下一个动作。

技术要点

（1）当球向着头部飞来，又来不及移动和转身时，经常使用头部起球技术；

（2）这项技术在比赛中虽然应用很少，但仍是一项不可或缺的防守起球技术，主要起到堵截、缓冲和调整来球的作用。

图 3-1-8

基本技术

错误纠正

当来球至额前时，被动接球为常见的动作错误。因此，当来球至额前时，应主动地去迎球，同时要注意准确判断来球方向。

伤害预防

用头部起球时，用力要适当，以免损伤颈椎。

 发球

发球是比赛的开始，又是一项进攻技术。发球的时候可以采用盯人、找空、压后、吊前等手段发出各种战术球，以达到破坏对方、组织进攻或直接得分的目的。根据发球时身体与球网的关系，以击球接触角的位置不同，发球技术可分为脚内侧发球、脚正背发球、脚外侧发球。

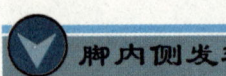 **脚内侧发球**

 **动作方法** 见图 3-1-9

（1）（以右脚发球为例）面向球网，用左脚在前的准备姿势，将球轻抛起，重心前移；

（2）抬大腿带小腿，用脚内侧弓部位向前上方送髋推踢；

（3）右腿屈膝前摆，左脚向后蹬地，加速重心前移，用右脚的内侧将球发向对方场地。

图 3-1-9

技术要点

（1）既稳又准，破坏性强；

（2）重心前移，右腿屈膝前摆，左脚向后蹬地；

（3）用大腿带动小腿，送髋推踢。

错误纠正

直接摆腿、小腿主动用力为常见的动作错误。因此，应在做动作时右腿屈膝前摆、大腿带动小腿发力，注意在摆腿的同时，左脚用力向后蹬地。

伤害预防

充分做好腿部和踝关节的准备活动，提高肌肉温度，以免扭伤踝关节，拉伤腿部肌肉。

 **脚正背发球**

动作方法 见图 3-1-10

（1）（以右脚发球为例）面向球网，以左脚在前的准备姿势，将球轻抛起，重心前移；

（2）右腿屈膝前摆，脚绷直，用右脚背将球发向对方场内动作。

 **技术要点**

(1)平、快、准;

(2)重心前移,右腿屈膝前摆,脚绷直;

(3)用正脚背向前上方发力挑踢。

 错误纠正

勾脚尖、直腿发球为常见的动作错误。因此,应在做动作时屈膝、绷脚尖、用脚正背向上发力击球,同时注意重心前移。

伤害预防

充分做好腿部和踝关节的准备活动,提高肌肉温度,以免扭伤踝关节,拉伤腿部肌肉。

图 3-1-10

脚外侧发球

动作方法 见图 3-1-11

身体(以右脚发球为例)侧对球网,以左脚在前的准备姿势,将球轻抛起,脚尖勾起,大腿玄内内收,小腿外摆,脚外侧尽可能与地面平行、触球,将球发到对方场地。

技术要点

(1)既快又狠,攻击力强;

(2)用脚外侧发力扫踢。

图 3-1-11

基本技术与战术

用腿部或踝关节发力击球为常见的动作错误。因此，应在做动作时注意使用脚外侧发力扫踢。

伤害预防

充分做好腿部和踝关节的准备活动，提高肌肉温度，以免扭伤踝关节，拉伤腿部肌肉。

移步 ◆◆◆◆◆◆◆◆◆◆

移步是利用脚步动作，根据来球的距离远近、球速快慢，采用各种不同的步法，使身体接近球的落点，以便能及时准确地触击球。

动作方法 见图 3-1-12

(1)上步向前移动时，一脚向来球方向跨一步，后脚用力蹬地，做好踢球准备姿势(该动作可向左前移动、右前移动、正前方 3 个方向移动)；

(2)向侧移动时，侧面脚内侧用力向侧跨一步，重心向同侧移动，当来球距身体只有一步时常用到该项技术；

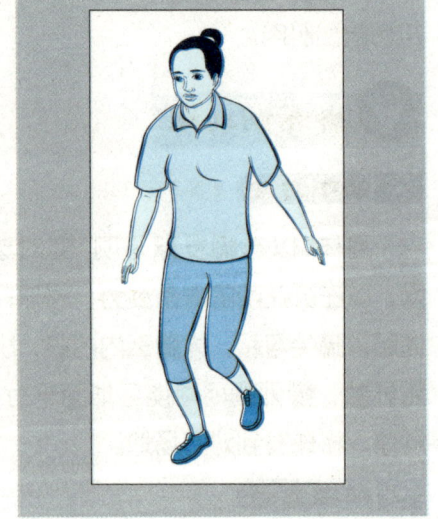

(3)向后撤步时，身体保持较低姿势，重心落在两脚之间，前脚用力蹬地面，移到后脚的斜后方；

(4)转身上步移动，用一脚做中枢，另一脚蹬地，以中枢脚的前脚掌为轴，重心移到中枢脚上，改变身体的方向，是结合上步保持人与球之间合理位置的一种步伐；

(5)交叉步，以右脚交叉步为例，两脚左右开立，上体略向右转，左脚内侧蹬地，左脚前面向右前方交叉跨出一步，右脚在向右跨出一步，重心移向右脚，身体转向来球方向，做好完成下一动作的准备姿势。

（1）注意来球的方向和脚的发力；

（2）重心的移动要保持快而稳；

（3）判断及时，反应快、重心低稳，移动快；

（4）当球的落点离身体较远时，可以采用上两步的移动方法。

做后撤步时用全脚掌蹬地、移动时前脚用力后脚不用力为常见的动作错误。因此，应在做后撤步时用两脚的前脚掌蹬地，移动时后脚用力蹬地。同时注意保持重心，准确判断来球方向，选择移动步伐。

充分做好各关节的准备活动，提高肌肉的温度和内脏器官的功能水平，提高整体的代谢水平和大脑皮层的兴奋状态，避免运动损伤的发生。

基本技术

图 3-1-12

踢球

踢球是毽球运动基本的技术之一，在进攻、防守以及攻防的转换中，根据不同的情况，采用不同的踢球技术就能提出不同作用的球。

踢球技术包括脚内侧踢球、脚外侧踢球、脚背踢球。

脚内侧踢球

动作方法 见图 3-1-13

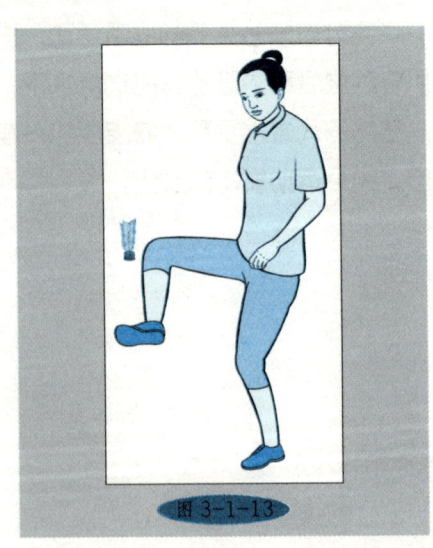

(1)用脚内侧踢球，要以髋关节为轴，大腿带动小腿，膝关节外展，小腿上摆；

(2)击球一刹那，踝关节内屈端平、发力，小腿快速把球提起；

(3)用脚部内侧部将球向上踢起。

图 3-1-13

技术要点

（1）膝关节向外张，大腿向外转动，略有上摆；

（2）髋关节放松，小腿向上摆，踢球时注意踝关节要发力，脚放平，用脚内侧弓部位踢球。

错误纠正

踝关节放松、脚尖下垂为常见的动作错误。因此，在做动作时，踝关节要用力保持紧张状态，击球时脚要放平。

▼ 脚外侧踢球

动作方法 见图 3-1-14

略侧身，大腿玄内内收，小腿外摆，向体侧甩踢小腿，勾脚尖，用脚外侧踢球，脚外侧尽可能与地面平行。

技术要点

要想获得较低的踢球点，必须使支撑腿做适当的弯曲，还要注意身体重心应放在支撑脚上。

图 3-1-14

错误纠正

绷脚尖为常见的动作错误。因此，应在做动作时勾脚尖，以便更有效地控制来球，同时注意踢球时小腿要向体侧甩踢，甩踢不但速度快而且力度大，更容易达到克敌制胜的目的。

伤害预防

充分做好髋关节、膝关节和踝关节的准备活动，用力要适当，以免造成损伤。

脚背踢球

动作方法 见图 3-1-15

（1）以左脚在前为准备姿势，右腿屈膝前摆，用正脚背接触毽球，绷住脚尖，抖动脚踝发力击球；

（2）脚背踢球根据不同的作用，又可分为正脚背体侧凌空踢球、脚尖踢球、正脚背踢球，它们主要用于发球、进攻和接球。

图 3-1-15

技术要点

（1）此踢球的技术是相对其他基本技术难度较大的一种，要求动作不但要快，还要求有一定的准度；

（2）抖动脚踝发力击球的节奏过快或过慢都会影响踢球的质量。

错误纠正

直腿、勾脚尖为常见的动作错误。因此，应在做动作时屈膝前摆、绷脚尖。同时注意击球时要抖动踝关节发力，由大、小腿发力会使力量分散，影响击球效果。

触球

在身体膝关节以上部位的踢球都叫触球。触球是毽球的接球技术，有点像足球的空中停球，主要是为了缓冲来球的力量和为下一个踢球动作做好过渡和调整。触球的方法很多，可以分为大腿触踢球、腹部触踢球、胸部触踢球、头部触踢球和肩部触球等。

动作方法 见图 3-1-16

（1）大腿触踢球时，要注意抬大腿迎球，放松小腿，用大腿正面前段击球；

（2）胸部触踢球，头部触踢球，都要注意触球时将腹部、胸部或头部要略微向前去主动迎接球，并控制球落在自己的前方，然后用脚将球踢出；

（3）肩触球，当来球传到肩前 10厘米处时，肩略后拉前摆，用肩部击球；

（4）腹部触球，对准球屈膝略向后蹲，略含胸收腹，当球触腹的一刹那，挺腹，使球轻轻弹出；

（5）头触球，当球到头前 10 厘米时，两脚蹬地，同时，颈部略紧张向前摆头，用前额触球。

技术要点

（1）大腿触踢球时，当球接近身体时，支撑腿向上蹬伸，击球腿屈膝上抬，用大腿正面前段击球，击球后，击球腿立即放下，准备下一个接球姿势；

（2）胸部触踢球，判断来球，移动胸部，当来球较低时可屈膝接球，但来球较高时，可起跳接球，击球时身体自然挺胸，屈膝蹬伸，使重心上移，使球落于体前，胸部起球动作完成后

图 3-1-16

应迅速衔接下一个动作；

（3）头部触踢球，判断来球方向，主动触击球，使触击前额的球向前上方呈小幅度下落，迅速衔接下一个技术；

（4）腹部触踢球、肩部触球时，要略微向前去主动迎接球，并控制球落在自己的前方，然后用脚将球踢出。

🔷 错误纠正

被动地去接球为常见的动作错误。因此，应在做动作时抬起大腿迎球，同时注意腹、胸、头肩部触球，都要略主动向前去迎接球。

🏐 胸拦网 ◆◆◆◆◆◆◆◆

胸拦网是毽球比赛防守反击最重要的技术，是防守中的第一大防线，分单人、双人或三人拦网。

🔷 动作方法 见图3-1-17

（1）准备姿势：面对球网，双脚平行站立与肩同宽，双膝略屈、自然收腹，上体略向前倾，肩自然屈曲置于体侧，目视球的动向；

（2）当对方攻球时，迅速判断移动到起跳位置，两脚用力蹬地起跳，双肩垂直于体侧后摆，提腰收腹挺胸，用胸部拦击球；

（3）击球后，身体自然下落，双脚前脚掌先着地，屈膝缓冲。

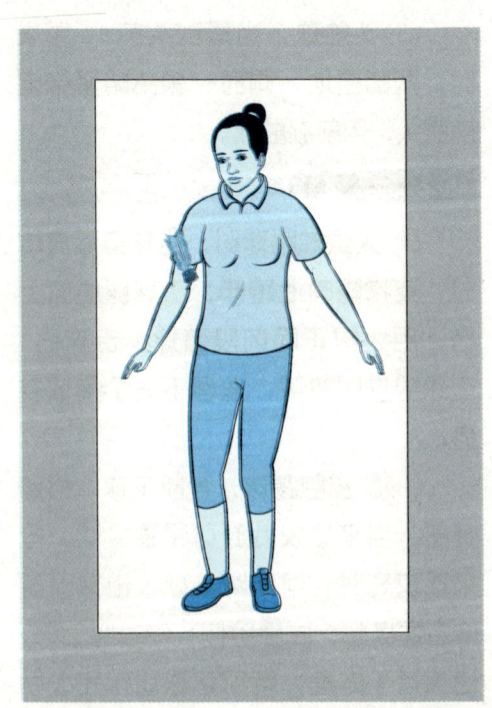

技术要点

（1）屈膝收腹，上体前倾，肩自然垂于体侧；

（2）双肩垂直于体侧后摆，收腰提腹挺胸，用胸击球；

（3）落地时，双脚脚掌先着地，屈膝缓冲。

错误纠正

直腿为常见的动作错误。因此，应在做动作时屈膝，使膝关节得到缓冲。

图 3-1-17

第二节
攻球的技术技巧

在比赛中，根据彼此的情况和比赛场上的变化，采用克敌制胜的战术技巧。攻球技术是指将高于网沿的球直接攻入对方场区的一种击球动作。

踏球的技巧

踏球是毽球运动最基本的技术之一，在进攻、防守以及攻防的转换中，根据不同的情况，采用不同的脚法就能踢出不同效果的球。

动作方法 见图 3-2-1

脚踏球是向上抬腿后，向下方发力，用前脚掌部位推压击球。

技术要点

（1）脚踏攻球的特点是视野开阔，目的性强，球速快，变化多，既可以压踏前场，又可以推踏后场，还可以抹吊近网；

（2）由于脚踏球与倒勾球力量方面相比相对较弱，因此，必须充分发挥其快、刁的特点，攻其不备才能给对方防守带来较大的威胁，令防守者防不胜防；

（3）在练习时要多注意控制球的路线和落点；

（4）正面或侧身对网，伸髋屈膝，快伸小腿，鞭打下压用脚底将上方的球击向对方场地。

图 3-2-1

❀ 错误纠正

收髋为常见的动作错误。因此，应在做动作时伸髋，达到延长腿部的作用。同时注意要快伸小腿，鞭打下压才会更有力度。

❀ 动作方法 见图 3-2-2

从限制区外助跑起跳，靠腰部、颈部发力，在空中用额头的正面、侧面或头发击球。

❀ 技术要点

（1）身体正对来球，两脚前后开立，两膝略屈，上体和头后仰（侧屈），身体重心放在后脚上，双臂屈肘自然张开；

（2）当头快触击球时，后脚用力蹬地，迅速收腹，收胸，快速甩头，用前额正面（侧面）将球顶出。

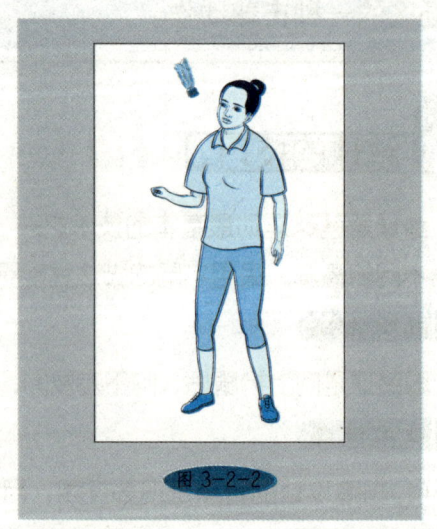
图 3-2-2

❀ **错误纠正**

击球时单单靠头部发力，为常见错误动作。因此，应在做动作时腰、颈同时发力。

倒勾球的技巧

❀ **动作方法**　见图 3-2-3

图 3-2-3

（1）以大腿带动小腿向上摆动、加速发力；

（2）斜线攻球，可以用站位方向的变化和脚尖内扣来达到变线攻球的目的；

（3）外摆攻球，要注意击球瞬间外翻脚踝，用转体和向外摆动腿来控制球的力量和落点；

（4）内扫攻球时应用脚尖部位或脚内侧向异侧腿前上方边转体边扫踢击球，内扫攻球时应用脚尖部位或脚内侧向异侧腿前上方边转体边扫踢击球；

（5）轻吊攻球在击球瞬间改用前脚掌部位，将球轻轻推托过网；

（6）凌空攻球是现有攻球技术中难度最大的一种，它要求运动员要有较好的制球能力、弹跳力与协调性，并且注意落地时运动员的自我保护。

❀ **技术要点**

（1）击球点高，球速快，力量大，易控制，变化多，范围大；

（2）在通常情况下，可根据对方不同的阵形，攻出直线、斜线、外摆、内扫、轻吊和凌空等不同特性的球，给对方造成很大的威胁；

（3）击球时立腰翻臀，用个大腿带动小腿，屈腿外摆，脚踝鞭打击球，

击球后，屈膝转身，面向球网（如右脚蹬地起跳则左脚屈膝上摆，上摆时一定要注意摆到空中最高点，然后左腿迅速下落，同时右腿屈膝，大腿带动小腿用力上摆）；

（4）击球的一刹那，脚踝抖屈，以脚趾或趾跟部位踢球，随后左右脚先后落地并保持平衡。

错误纠正

用脚背或脚外侧触球为常见的动作错误，因此，应在做动作时用脚内侧切球可以更好地控制球的落点。同时注意大腿带动小腿发力上扬，将球切至对方的场地。

脚面传、接球的技巧

动作方法 见图 3-2-4

抬大腿曲小腿，保持脚面与地面平行，触球时大腿垂直向上发力，带动小腿用脚面向上挑踢球。

技术要点

（1）判断球落点，触球时脚踝保持紧张，不要勾脚尖；

（2）脚面与地面的角度和大腿带动小腿摆动，改变传球方向，用大腿发力来控制起球的高低；

（3）上步跟球，起球后击球腿主动屈髋，屈膝上提，用正脚背将球由下而上踢起，击球后身体随之向前上方送球。

图 3-2-4

✿ 错误纠正

脚背踢球为常见的动作错误。因此，应在做动作时用脚面踢球。

第三节
花毽基本踢法

花毽即花样踢毽,分规定动作和自选动作两项。规定动作有盘踢、磕踢、落、上头、交踢五个套路,自选动作则由运动员即兴发挥,花样更多、难度更高。花毽的四种基本踢法包括:盘踢、磕踢、拐踢、绷踢。

 盘踢 ◆◆◆◆◆◆◆◆

✿ 动作方法 见图 3-3-1

用脚内侧互换踢毽,膝关节向外张,大腿向外转动,略有上摆,不要过大,髋和膝关节放松,小腿向上摆,踢毽时踝关节发力。踢起的毽子一般不超过下颏。

✿ 技术要点

先用左(右)脚踢起一次,要求垂直,用手接住,右(左)脚再踢一次用手接住,较熟练后,连续踢。左右脚都可连续踢后,改为左右两脚各踢一次接住、各踢两次接住、各踢三次接住、各踢四次接住,灵活熟练后就不用再接,踢的次数越多越好。

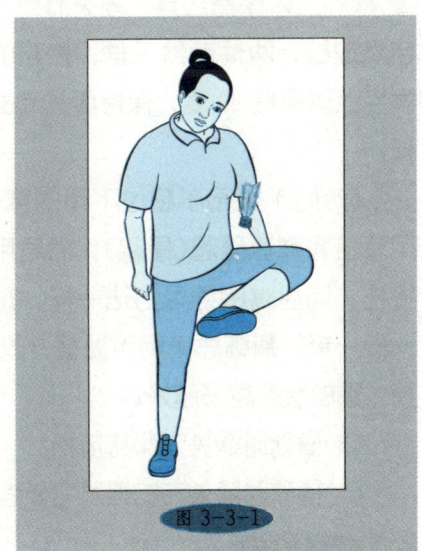

图 3-3-1

错误纠正

髋关节、膝关节紧张，小腿发力为常见的动作错误，因此，应在做动作时髋关节、膝关节保持放松，踢毽时主要靠踝关节发力，大腿带动小腿。同时注意毽子踢起的高度不要超过下颏。

磕踢

动作方法 见图3-3-2

用两腿膝盖互换将毽子磕起(撞起)的踢法。髋关节、膝关节放松，小腿自然下垂，膝关节发力，将毽子磕起，大腿不要外张或里扣，踢起的毽子一般不超过下颏。

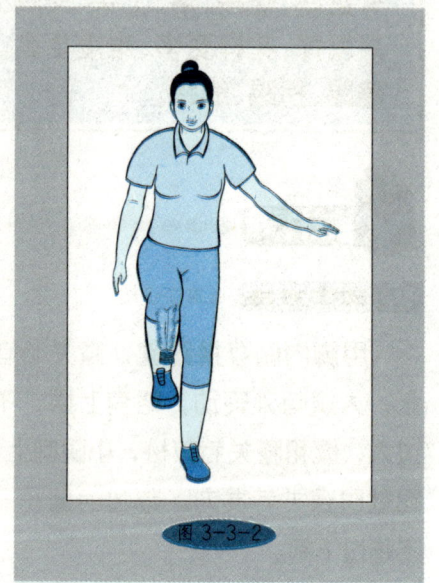

图 3-3-2

技术要点

(1)上体保持正直，髋关节与小腿自然放松，两臂自然下垂，抬起的高度与上体保持90度，保持膝关节的平稳；

(2)用手抛起不超过下颏的毽子，用膝盖将毽球磕起(撞起)，然后用手接住，同盘踢的练习方法一样，形成一磕一接，熟练后不用手抛毽，改用盘踢，形成一磕一盘，协调后两膝互换，踢的次数越多越好；

(3)磕球时踝关节保持放松；

(4)磕球时膝关节的爆发力要强。

错误纠正

大腿外张或里扣、用腿部发力、上体倾斜为常见的动作错误。因此，应在做动作时利用膝关节的上部，将球磕起，上体要保持正直，上体倾斜会导致击球点不稳，从而影响击球效果。同时注意毽子踢起的高度不要超过下颌。

动作方法　见图 3-3-3

　　用两脚外侧互换踢毽，大腿放松，小腿发力向体后斜上方摆动，勾足尖，毽子和脚外侧相碰的一刹那，踢毽脚的内侧离地面一般不越过 30厘米，踢起的毽子高度随意。

图 3-3-3

技术要点

　　(1)上体保持正直，踢毽时大腿不得摆到体前，小腿向体后斜上方摆动不要过高；

　　(2)膝关节内扣，脚尖勾起，踝关节带动小腿向后方摆动，发力点在踝关节的下方，越低越好，用力均衡；

　　(3)当毽子落到离地面 20～30 厘米时(支撑腿小腿的 1/2 或 1/3 处)将毽子击起。

✿ **错误纠正**

　　髋关节、膝关节紧张，小腿发力为常见的动作错误。因此，应在做动作时，髋关节、膝关节要保持放松，踢毽动作主要靠踝关节发力，大腿带动小腿，同时注意毽子踢起的高度不要超过下颌，在颌以下为宜。

✿ **动作方法** 见图 3-3-4

　　大腿向前抬起，和身体呈150～160度夹角，小腿向前摆动，髋关节、膝关节要放松，踝关节发力，带动小腿向上摆动，要在踢毽子的一刹那，足尖外三趾向上猛地用力，将毽勾起。踢起的毽子高度随意，但应避免忽高忽低，为以后的花样踢法打下基础。

✿ **技术要点**

　　（1）用两足尖外三趾部分互换踢毽，单足踢毽也可以；

　　（2）可采用盘踢的一踢一接的练习方法，但在开始练习时要踢得低一些，一般不超过腰部，再低一些更好，这样能踢的次数多一些；

　　（3）上体保持正直，小腿自然放松。

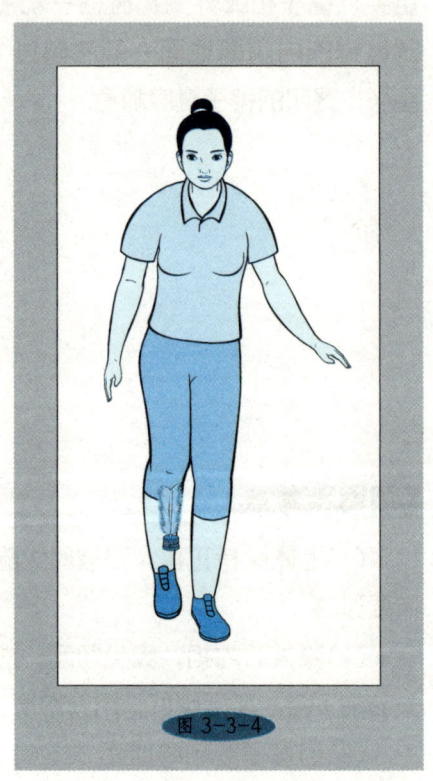

图 3-3-4

错误纠正

膝关节紧张、大腿抬得过高为常见的动作错误。因此,应在做动作时膝关节放松,大腿抬起高度适当。

第四节

基本战术

在比赛中,根据网毽的运动规律、彼此的具体情况和比赛场上的变化,安排具体阵容,合理地运用技术,充分发挥己队之长,限制对方正常发挥,进行有组织、有目的、有预见性的克敌制胜的行动。网毽战术从比赛特征上可分为:进攻战术和防守战术。

进攻战术

进攻是将高于网上沿的毽子直接攻入对方场区的一种击球动作。进攻的基本战术根据阵容配置可分为:"一、二"阵容、"二、一"配备和"三、三"配备。

"一、二"阵容

 **动作方法** 见图3-4-1

"一、二"阵容就是在3个上场队员当中有一个是主攻手,两个是二传手。

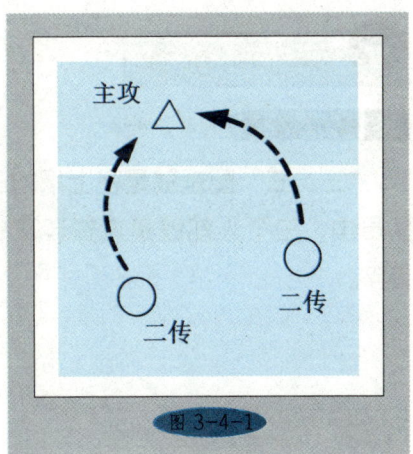

图 3-4-1

技术要点

（1）运用此阵容时，主攻手一般不参与接发球，两个二传手交替接发球和做二传；

（2）此阵容分工明确、稳而不乱，尤其适用于有高大主攻手善打中一二和两次攻等高举高打的打法。

▼ "二、一"配备

动作方法 见图3-4-2

"二、一"配备是上场的三个队员中有一个主攻手、一个副攻手和一个二传手。

技术要点

（1）运用此阵容时，主攻手一般也可以不参加接发球，由副攻手、二传手互换接做二传；

（2）此阵容攻球变化多又可以互相掩护，适用于打交叉、插上、掩护等进攻战术。

▼ "三、三"配备

动作方法 见图3-4-3

"三、三"配备就是在上场的三个队员中，三个人都既是攻球手又是二传手。

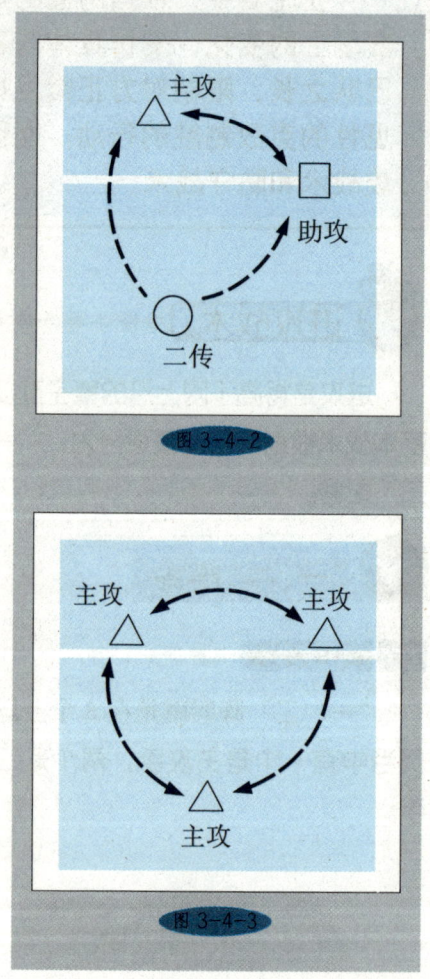

图3-4-2

图3-4-3

（1）运用此阵容时，队员接球站位一般呈倒三角形，任何一个队员接到球后随时都可以组织两人以上同时参与进攻；

（2）此阵容可以打出掩护、交叉战术，还可以打出快攻、背溜、双快－掩护等较复杂多变的战术进攻球。

防守战术

防守战术是比赛争取得分的关键技术，也是缓解对方进攻的最好方法，从而为反击得分创造有利条件。防守战术根据阵容配置可分为："弧形防""一拦二防""二拦一防"和"拦－堵－防"。

"弧形防"

 见图3-4-4

"弧形防"就是三名队员在中场呈小弧形的站位防守。

技术要点

（1）"弧形防"阵容在对方的攻球威力不大时采用；

（2）"弧形防"防守战术防守视线清楚，分工明确，防守一般性攻球效果很好。

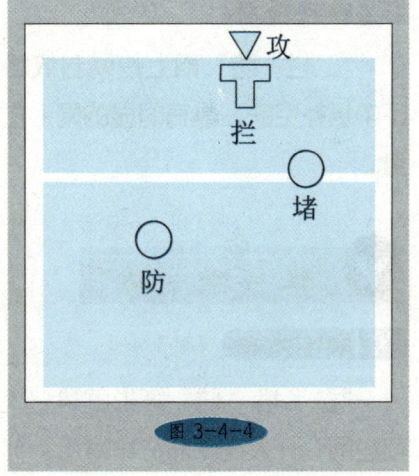

图 3-4-4

"一拦二防"

 见图3-4-5

"一拦二防"在场上三个队员中，一人在网前拦网，另两名队员分别在其两侧分区防守。

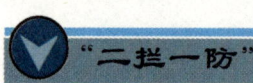
技术要点

"一拦二防"有两道防线，网上拦网封线路，网下中场防落点，拦防结合，利于反击。

"二拦一防"

动作方法 见图 3-4-6

"二拦一防"阵形就是在场上的三个队员有两人在网前拦网，另一名队员在其中后方防守，具有封线补防的特点。

技术要点

"二拦一防"网上拦网封线路，网下中场补空缺，具有明显的网上拦网优势。

"拦－堵－防"

动作方法 见图 3-4-7

"拦－堵－防"阵形就是一人在网前拦网，一人在侧面往后堵击，另一人在中后场防守。

技术要点

"拦－堵－防"这种封堵联防阵形构成三道防线，拦、堵、防结合，既可以互相补缺，又可以灵活机动应变。

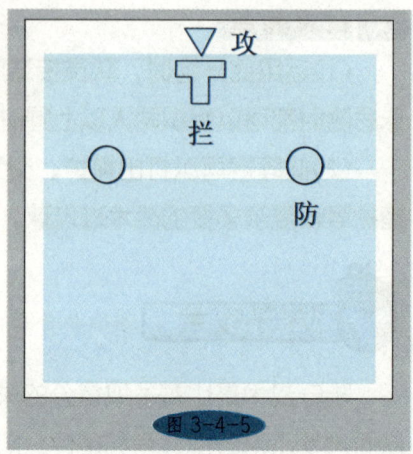

图 3-4-5

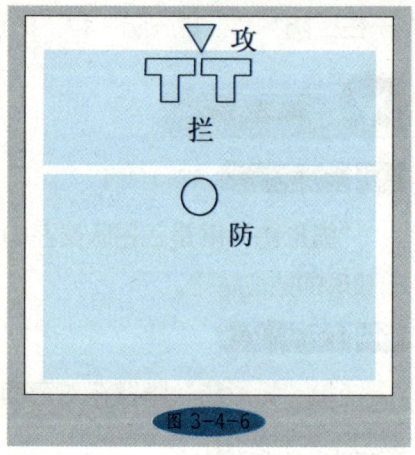

图 3-4-6

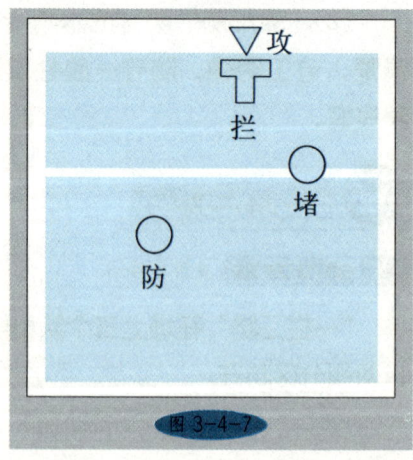

图 3-4-7

第四章　比赛规则

　　比赛参与者应该了解运动规则的基本知识，以使自己在比赛过程中游刃有余地发挥技术水平。比赛观赏者也只有在了解基本规则的前提下，才能够充分体验观赏比赛的乐趣。

第一节
比赛方法

参赛队员要按照一定的方法进行比赛,并须遵循一定的规则,以使比赛有序进行。

 球队组成

球队由 6 人组成,上场队员 3 人,其中队长 1 人(左臂应佩戴明显标志)。比赛前,各队应将参赛队员(包括替补队员)的姓名、号码登记在记分表上。

 计胜方法

比赛采用三局两胜制,计胜方法为:

(1)前两局中,接发球队失误,应判对方得一分,发球队失误,则判由对方发球;

(2)第三局采取每球得分制;

(3)某队得 15 分并至少比对方队多得 2 分时,则为胜一局;如比分是 14 比 14,比赛应继续进行,直至某队领先 2 分,方为胜一局。

 场区与发球权

(1)双方在比赛前选择场区或发球权,在第一局结束后交换场地和发球权;

(2)第三局开始前,双方重新选择场区或发球权;

(3)第三局比赛中,任何一队先得 8 分时两队应交换场区,交换场区后,双方队员的轮转位置不得变换,由原发球队员继续发球。

发球位置与轮转顺序

发球位置

（1）双方队员必须站在本方场区内，场上队员的位置必须与登记的轮转顺序相符合；

（2）站在靠近球网的两名队员从左至右分别为 3 号位和 2 号位队员，靠近端线的队员为 1 号队员；

（3）发球的一方，2 号位、3 号位的队员在发球队员的前方，彼此间相距不得少于 2 米；

（4）球发出后，双方队员可以在本方场区内任意交换位置。

轮转顺序

（1）某队取得发球权时，应先按顺时针方向轮转一个位置，然后由轮转到 1 号位队员发球；

（2）新的一局开始前，可以变换本队队员的轮转顺序，并填好位置表交给记录员；

（3）每局比赛结束之前，队员的轮转顺序不得调换。

发球与重发球

发球

（1）发球队员须站在本方发球区内，用手持球将球抛起，用脚踢向对方场区，使比赛进行；

（2）发球队员必须在发球区内发球，在球发出后才能进入场区；

（3）发球时 2 号、3 号队员不得有任何掩护动作，否则，判由对方发球。

重发球

发生下列情况之一时，须重发球：

（1）在比赛进行中，球挂在网上（最后一次击球挂网除外）；

(2)在比赛进行中，毽毛和毽垫在飞行时脱离；

(3)在裁判员鸣哨之前发球；

(4)在比赛进行中，其他人或物品进入场区。

暂停

比赛成死球时，教练员或队长可以向裁判员要求暂停：

(1)每局比赛中，每队可以要求两次暂停，每次暂停时间不得超过30秒钟；

(2)暂停时，教练员可以在场地外进行指导，但场上队员不得出场，也不得与场外其他任何人讲话，场外人员不得进入场内。

换人

比赛成死球时，教练员或队长可以向裁判员要求换人：

(1)换人时，场外人员不得向队员进行指导，场内队员不得离开场地；

(2)每队在每局比赛中换人不得超过三人次；

(3)换人时间不得超过15秒钟，否则判该队一次暂停；

(4)比赛中因故被取消比赛资格的队员，不能继续参加该场比赛，可由替补队员替换，如果该队在该局已换人三人次，或场外无人替换时，则判为负局。

局间间隙

一局比赛结束，下局比赛开始前，中间最多可有2分钟时间，供两队交换场地、换人和记录员登记号码，双方教练员在不影响上述工作的情况下，可以进行场外指导。

裁判员中断比赛

发生以下情况时，裁判员应鸣哨中断比赛：

(1)其他人或物品进入比赛场区；

(2)更换损坏的器材；

(3)队员发生意外事故等。

第二节

裁判方法

在比赛过程中，裁判人员通过履行其职责，进行正确的裁判工作，来保证比赛的公平、公正。

键球比赛的裁判人员包括1名正裁判员，1名副裁判员，2名司线员，1名记录员和1名记分员。

当发球队失误时，应判失发球权，由对方发球。发生下列情况之一时，即判为发球失误：

(1)队员发球时，踏及端线或发球区线及其延长线；

(2)球未过网、触网或触及标志杆；

(3)球从网下穿过；

(4)球从标志杆及其延长高度以外过网；

(5)球触及任何障碍物，或在进入对方场区前触及本队队员；

(6)球落在界外；

(7)发球延误时间超过5秒钟；

(8)裁判员鸣哨后球坠落在地上。

当球发出后，裁判员发现发球次序错误，则判该队失发球权，并恢复正确位置。如该队已得分，应取消该队该次发球所得的分数。

违例

击球违例

违反下列情况之一者，判为击球违例：

(1)每队在将球踢入对方场区前，在本方场区最多只能有三人共击球四次；

(2)每个队员最多可以连续击球两次；

(3)不得用手、臂触球(防守队员在手臂下垂不离开躯干的前提下拦网除外)；

(4)球不得明显地停留在队员身体的任何部位。

球触标志杆违例

比赛进行中，球触及两标志杆以内的球网为好球，球触标志杆为违例。

触网违例

比赛进行中，队员身体任何部位触及两标志杆以内的球网，均为触网违例。

过网击球违例

违反下列情况之一者，判为过网击球违例：

(1)比赛进行中，身体任何部位不得进入对方场区的空间；

(2)队员若用头攻球时，必须在限制线以外(落地时两脚可落在限制线以内)；

(3)比赛进行中，除脚以外，身体任何部位不得触及中线；

(4)脚不得完全越过中线。

警告与取消比赛资格

队员在违反下列规定时，应予以警告或取消比赛资格：

警示(出示黄牌)

(1)对裁判员有不正当的行为；

(2)对本方队员或对方队员有不正当的行为；

(3)踢、打、用头撞击或企图踢、打、用头撞击对方队员；

(4)在比赛中断时(局间休息除外)，未经裁判员允许擅自离场。

取消比赛资格(出示红牌)

经警告后重犯或情节恶劣者，可不经警告即取消其比赛资格。

比赛规则